대림절 묵상집

주님의 마음으로
자연을 보는
말씀 묵상

대림절 묵상집

주님의 마음으로
자연을 보는
말씀 묵상

2019년 11월 11일 초판 1쇄 인쇄
2019년 11월 18일 초판 1쇄 발행

지은이 | 백영기 유미호 조은하 등 23인
엮은이 | 기독교환경교육센터 '살림'
본문사진 | 설봉수 작가
펴낸이 | 김영호
펴낸곳 | 도서출판 동연
등 록 | 제1-1383호(1992년 6월 12일)
주 소 | 서울시 마포구 월드컵로 163-3
전 화 | (02) 335-2630
팩 스 | (02) 335-2640
이메일 | h-4321@daum.net / yh4321@gmail.com

Copyright ⓒ 기독교환경교육센터 '살림', 2019

ISBN 978-89-6447-538-6 03230

대림절 묵상집

주님의 마음으로
자연을 보는
말씀 묵상

기독교환경교육센터 '살림' 엮음

동연

대림절 묵상집을 펴내며

대림절이 다가옵니다. 대림절을 기다리며, 오신 주님과 더불어 오실 주님을 맞이하고자 예수 말씀으로 묵상 자료를 준비했습니다. 한 해, 아니 살아온 날들을 돌아보며, 함께하셨던 주님과 더불어 오실 주님을 그리게 하는 자료입니다. 주님이 오셔서 어떻게 자연과 관계를 맺으셨는지 살핌으로, 내가 나와 우리 그리고 자연을 어떻게 대해 왔는지 돌아볼 수 있게 하기 위함입니다.

한 해의 끝자락, 선물로 받은 자연과 이웃을 얼마나 느끼며 감사함으로 지내 오셨는지요? 잊고 지낸 부분이 있었다면 잠시라도 찾아가 고마운 마음을 표해 보는 것도 좋을 듯합니다. 무엇을 주기 위해서가 아니라 그저 나의 나 됨과 우리 됨을 위해 애쓰고 있는 작은 생명 하나를 기억해보기 위함입니다. 그들을 아프게 했던 것도 알아채게 되고, 그러면 화해의 악수를 청할 기회도 얻게 되겠지요?

이제 올 한 해도 대림절을 남겨두고 있네요. 살림은 올 한 해 그리스도인들이 절기별로 하나님의 창조와 지구의 위기를 묵상할 수 있도록 사순절 탄소금식과 플라스틱감축훈련, 기쁨의 50일 살림캠페인, 창조절 50가지 들꽃과 나무묵상 등의 캠페인을 전개하였습니다. 대림절에는 '만물의 화해자' 되신 주님이 '하나님이 지으신 자연'을 비유로 드신 말씀을 묵상하도록 준비하였습니다. 말씀이 담긴 구절을 미리 몇 가지 뽑아 몇 분에게 먼저 묵상을 부탁드렸습니다. 주님은 세상 속 자연을 어떻게 보시고, 어떻게 전하셨는지, 그 생각과 마음을 안다면, 우리가 자연은 물론 이웃을 대하는 방식이 좀 바뀌지 않을까 싶어서입니다.

무엇을 해야 한다는 부담감보다는 그저 주님이 보셨던 자연을 함께 본다는 생각으로 묵상해보실 수 있기를 바래봅니다. 먼저 말씀을 침묵으로 충분히 묵상하신 후 묵상을 돕는 글을 읽을 것을 권합니다. 그리고나서 성찰질문에 자신만의 답을 내보신 후 한 줄 기도로 마무리하시면 되겠습니다.

먼저 묵상하고 나눔해주신 곽호철, 김선정, 김수연, 김신영, 김오성, 김유현, 김홍일, 민숙희, 박명철, 백영기, 신현태, 유미호, 이경수, 이박행, 이선아, 이성호, 이인경, 이진권, 장석근, 주낙현, 조은하, 최광선, 최주훈 님에게 감사의 마음을 전합니다. 이 자료로 함께 묵상하시는 분들마다 하나님의 창조 안에서 주님을 만나는 기쁨이 가득하시길 소망합니다^^

2019년 11월 대림절을 준비하며
살림공동대표 이광섭, 정성진, 김경은, 김은혜, 이숭리

차례

발간사

* 출처가 표기 안 된 성경구절은 개역개정입니다.

씨앗 하나

마태복음 17:14~20
너희에게 겨자씨 한 알만한 믿음이라도 있다면 (공동번역)

겨자씨 '한 알', 아니, '한 톨'이란 말도 과하다. 겨자씨는 작은 것 중에서 가장 작은 것을 상징하기 때문이다. 그런데 예수님은 이 작은 겨자씨가 자라나 새들이 날아들어 쉼을 얻고 수다떨 수 있을 거대한 의미 공간이 된다고 설명하신다. 이런 일이 생길 수 있는 이유는 이 작은 씨앗 속에 담겨진 옹골진 생명 때문이다. 작은 씨앗이 땅에 심기고 움트면 이런 창대한 세계가 펼쳐진다. 하나님의 창조는 늘 이런 식이다. 평범 속에 비범을 숨겨 놓는다. 그러니 어느 것 하나 하잘것없는 게 없다. 우리를 휘돌아 선 세계는 생명의 합창소리가 아름답고 웅대하게 펼쳐져 있다.

식탁 위에 올라오는 밥 한공기만 해도 그렇다. 여기엔 온 우주가 담겨 있다. 하나님이 창조하신 따사로운 햇볕, 바람, 비는 기본이고, 추수하는 농부들의 땀, 탈곡해서 포장하는 이들의 분주한 손길, 쌀 포대를 운반하는 운전기사와 택배 기사들의 수고, 건강한 먹거리와 시장의 안전을 보장하는 선한 정부 그리고 사랑으로 밥을 지어 가족을 먹이는 엄마의 따뜻한 사랑까지. 이 모든 우주의 신비가 밥 한 공기에 담겨 있다. 그렇게 하나님의 신비는 작고 미천한 것들 속에서 꿈틀거린다.

대림의 절기는 작디작은 마을 베들레헴에서 하나님의 아들이 오시길 기다리는 시간이다. 그러니 이 시간은 단순히 교회 성탄 트리를 장식하며 크고 화려함을 드러내는 시간이 될 수 없다. 오히려 그리스도인에게 대림의 시간은 작은 생명 속에도 옹골진 하나님의 생명력이 담겨 있다는 것을 깨닫는 시간, 일상 속에서 신비를 발견해 나가는 시간이 돼야하지 않을까? 그것이 어쩌면, 우리에게 주어진 겨자씨 같은 믿음이고, 그 믿음으로 창조세계 가운데 깃든 하나님을 발견하게 되는 신비의 세계를 여는 열쇠가 될 것이다.

● 묵상을 위한 질문
  내 일상에서 작지만 생명력 있는 것은 무엇인가?

● 한 줄 기도
  주님, 당신께서는 모든 생명을 귀하고 신비롭게 창조하셨습니다. 이 창조의 신비가 우리의 작은 일상과 자연 속에서 건강히 움트게 하여 주옵소서.

최주훈 (중앙루터교회 목사)

빛을 받아 빛이 되라하시네

요한복음 8:12
나는 세상의 빛이니
마태복음 5:14
너희는 세상의 빛이라 산 위에 있는 동네가 숨겨지지 못할 것이요

빛은 창조와 생명의 시작이자 모든 피조물의 원천입니다. 빛은 우리에게 생명을 주며, 자유롭게 합니다. 어둠이 편할 것 같지만 결국 불안과 두려움을 안겨줍니다. 어둠 속에서는 누구도 꼼짝할 수 없고, 온전치 못한 삶이 됩니다.

하나님이 빛이 있으라 하시니 빛이 있었습니다. 흑암이 깊음 위에 있을 때, 빛을 주신 분이 하나님이십니다. 예수님은 <나는 세상의 빛이라>하셨고, 빛이 들어오면 숨길 게 없다 하셨습니다. 빛이신 주님은 당신을 향하는 자들에게 '너희도 세상의 빛'이라 하셨습니다. 우리에게 이런 은총과 축복이 주어졌다니, 나도 빛이 될 수 있다는 상상을 해 보셨나요.

하나님은 이 빛의 존재를 통해서 생명과 평화의 삶을 열어 가십니다. 어둠이 사라지면 밝고 환한 세상이 되고, 죽음이 물러가면 생명과 평화의 세상이 됩니다. 빛은 존재의 본질이 달라지는 것이며, 존재의 가치가 새로워지는 것입니다. 태양빛을 통한 나뭇잎의 광합성 작용처럼 하나님의 빛을 통해 우리의 영혼과 삶에 생명의 광합성이 일어납니다.

신비로운 일로, 지금도 세상엔 상처받고 죽어가던 수많은 것들이 온갖 빛들로 인해 생명의 광합성이 일어나고 있습니다.

이제 빛을 받아 빛이 되어보시겠습니까?

● 묵상을 위한 질문

어둠을 느껴보셨나요, 빛을 향한 간절했던 때가 있었나요? 빛과 어둠만큼 극명하게 다름을 모른다면 참으로 위기요, 문제입니다. 구석구석 내 안에 남아 있는 어둠을 몰아내는 것은 무엇일까요?

● 한 줄 기도

어둠의 땅에 빛으로 오신 주님, 생명의 빛을 따라 세상의 빛이 되겠습니다.

백영기 (쌍샘자연교회 목사)

땅의 흙으로 사람을 지으시고

창세기 2:7
여호와 하나님이 땅의 흙으로 사람을 지으시고 생기를 그 코에 불어 넣으시니 사람이 생령이 된지라 (개역한글)
마가복음 4:28
땅이 스스로 열매를 맺되… (개역한글)

"이것이 천지가 창조될 때에 하늘과 땅의 내력이니라"(창 2:4).

땅은 모든 생명과 존재의 기반입니다. 하늘을 나는 새도, 물속에 사는 어류도 모두 땅을 기반(창1:22)으로 하고 있습니다. 땅은 모든 생명이 사는 터전이며, 뭇 생명을 품은 공동생명입니다. 땅은 아름답고 충만하며 거룩합니다. 모든 걸 품고, 모든 걸 되살리며, 모든 걸 존재하게 합니다.

사람은 땅의 흙으로 지어졌습니다. 그래서일까요, 땅의 소산을 먹고 살아야 합니다. 땅의 욕심을 부리는 것은 죄악이고, 땅을 사랑하지 못하는 것도 죄악입니다. 땅과 함께 살지 못하면, 하나님과 함께 살지 못하는 것입니다.

땅은 나 자신이며 우리입니다. 땅은 창조의 은총이며 그분의 마음입니다. 땅을 통해 우리는 하늘을 알고, 하나님의 숨결을 느낍니다. 사람을 땅의 흙으로 만드신 것은 그렇게 우리가 소중하고 귀하다는 거겠죠. 겸손하게 하나님이 지으신 모든 것을 품으며, 하나님의 나라를 살라는 말입니다.

대림절, 하늘은 땅을, 땅은 하늘을 그리워합니다.

● 묵상을 위한 질문
  하나님이 사람을 왜 땅의 흙으로 지으셨을까요?
  땅이 생명의 터전이라면, 흙으로 지어진 사람도 그럴 수 있지 않을까요?

● 한 줄 기도
  하나님, 내 안에서도 생명의 싹이 나고, 자라 아름다운 열매를 맺게 하소서.

백영기(쌍샘자연교회 목사)

물, 하나님의 신비

요한복음 7:37~38
누구든지 목마르거든 내게로 와서 마시라
나를 믿는 자는 성경에 이름과 같이 그 배에서 생수의 강이 흘러나오리라

우리가 살고 있는 행성의 이름은 지구입니다. 언뜻 그 이름은 땅이 우리 행성을 대표하는 특성인 것처럼 보이게 합니다. 하지만 지구는 사실 물의 행성입니다. 지구의 75%는 물로 이루어져 있기 때문입니다. 지구상에 생명이 태동하게 된 것도 물의 발생이 없었다면 불가능했습니다. 또한 물의 계속적인 순환 덕에 지구는 풍성한 생명을 품게 되었습니다. 다른 행성에서 물의 존재가 아닌 물의 흔적만 발견되더라도 과학자들은 크게 환성을 부릅니다. 그런데 우리는 물의 행성에 살고 있으면서도 특별한 감흥을 느끼지 않습니다.

물은 하늘에서 땅속 깊은 곳까지 순환하고 있습니다. 또한 동식물의 눈에 보이지 않는 작은 영역에까지 흐르고 있습니다. 그런데 사실 이 많은 물 중에 인간이 사용할 수 있는 물은 약 2%에 불과합니다. 하지만 그마저도 평등하게 분배되어 있지 않으며 물의 오염은 날로 심각해지고 있습니다. 골프장이나 댐의 건설, 습지 매립 등은 물의 흐름을 방해하고 물에 의존하는 생태계를 파괴하고 있습니다. 인구는 증가하고 그에 따라 필요한 물의 양도 늘고 있지만 사용가능한 물의 양은 점차 감소하고 있으며 이로 인한 분쟁도 늘어가고 있습니다.

예수님께서 생명의 영이신 성령을 물에 비유하고 있는 것처럼 물은 하나님이 허락해주신 생명의 근거이자 전달자이며, 물의 존재는 신비 그 자체입니다. 그렇기에 물을 함부로 대하는 행위는 생명의 신비에 대한 우리의 그릇된 자화상을 보여주며,

결국 우리 생명에 대한 위협적인 결과를 낳게 됩니다. 우리 사회는 아직 심한 물 부족과 그로 인한 혼란을 겪어보지 않아서 그런지 물 문제에 대해서는 다소 여유를 느끼는 것 같습니다. 하지만 늘어가는 생수 소비량과 정수기에 대한 수요는 물 문제가 점점 우리에게 가까워지고 있음을 보여줍니다. 더 늦기 전에 이제는 하나님께서 세우신 물의 질서를 존중하고, 지속가능한 물의 이용을 위해 지혜를 모아 삶의 방식을 바꿔야 할 때입니다.

● 묵상을 위한 질문
  물과 관련된 우리의 일상생활과 습관을 신앙적, 윤리적 차원에서 다시 생각해봅시다.

● 한 줄 기도
  우리 몸에 흐르는 물은 하늘과 땅, 동물과 식물을 흘러 나에게로 왔습니다.
  또 나로부터 그 물은 다시 이들에게로 흘러갑니다.
  물은 모든 생명을 관통하며 흐르고 순환하는 하나님의 신비입니다.
  주님, 물을 통해 하나님의 신비를 발견하게 하소서

김신영 (기독교환경교육센터 살림 부소장)

정원 안의 작은 씨앗

마가복음 4:31, 32
심길 때에는 땅 위의 모든 씨보다 작은 것이로되, 심긴 후에는 자라서 모든 풀보다 커지며 큰 가지를 내나니 공중의 새들이 그 그늘에 깃들일 만큼 되느니라

성경은 창조주 하나님에 대해 정원을 가꾸는 분으로 묘사합니다. 그리고 하나님의 형상대로 만들어진 인간은 땅을 돌보는 역할을 부여 받았습니다. 아버지를 닮은 정원사, 농부가 되어야 한다는 것입니다. 예수님께서도 농사를 배경으로 한 이야기를 많이 들려주십니다. 마가복음 본문에서 예수님은 작은 겨자씨를 통해 하나님 나라를 설명하십니다. 아무리 작은 씨앗이라도 그 안에는 적지 않은 가능성이 내재되어 있는 것처럼, 하나님나라의 복음도 이 세상 속에서는 작아 보이지만 그 안에는 무궁한 생명의 에너지가 축적되어 있다는 것이지요.

하나님의 다양한 창조 덕에 인간은 7000종이 넘는 생물을 먹으며 최근까지 살아왔습니다. 하지만 오늘날에 우리의 식탁의 오르고 있는 작물은 겨우 30여 종 밖에 되지 않습니다. 20세기 초 미국에서는 7000종이 넘는 사과가 재배되었는데 지금은 이 가운데 96%가 사라졌습니다. 이렇게 농작물의 유전적 다양성은 75%까지 감소하였습니다. 무궁한 생명을 담고 있는 씨앗이 점점 사라져 가고 있는 것입니다. 이후의 세대들은 씨앗을 통해 하나님나라를 사유하는 것을 점점 어려워하게 될 가능성이 큽니다.

이렇게 된 데에는 경제적 원인이 숨어 있습니다. 소수의 대기업이 종자를 독점함에 따라 종자들이 상업적으로 변형되고 유통되기 시작했으며, 이는 우리 식탁에 오르는 품종의 단일화를 야기했습니다. 이렇게 창조의 섭리를 따라 번성해 온 작물들

은 낮은 상품성을 이유로 지구상에서 점점 사라져 가게 되었습니다.

하나님은 다양한 종류의 식물을 만드시고 각자의 생물학적 특성을 통해 서로가 상생하게 하셨고, 그것들이 자라나는 땅과 그 땅에 깃든 미생물들 그리고 그것을 먹는 우리에게까지도 생명이 흐르게 하셨습니다. 이렇게 하나님께서는 씨앗에 풍성한 생명을 불어 넣으시면서 그 생명력이 우리를 비롯한 모든 삶에 미치도록 하셨지만, 인류는 경제성과 상품성이라는 명목으로 하나님이 주신 생명의 흐름과 풍성함을 가로막고 있습니다. 그리스도인들은 생명을 풍성하게 하고 생명의 기운이 흐르게 해야 하는 책임을 갖고 있습니다. 씨앗과 가까이 지낼 때 그리고 그것의 다양함과 풍성함을 인정할 때 우리는 예수님의 말씀을 제대로 이해하고 실천할 수 있습니다. 그리고 이것은 우리의 식탁에서 시작될 수 있습니다.

● 묵상을 위한 질문

생물의 다양성을 촉진하기 위해 밥상에서부터 실천할 수 있는 것은 무엇이 있을까요?

● 한 줄 기도

주님, 다양한 맛과 향, 색과 모양을 지닌 채소와 곡식들과 과일들은

우리가 미각과 후각, 시각과 촉각을 통해 발견하는 하나님의 사랑입니다.

주님께서 작은 씨앗들 안에 새겨두신 생명과 사랑을 우리가 소중히 여기게 하소서.

김신영 (기독교환경교육센터 살림 부소장)

바람에 몸을

요한복음 3:8
바람은 불고 싶은 대로 분다. 너는 그 소리는 듣지만, 어디에서 와서 어디로 가는지는 모른다. 성령으로 태어난 사람은 다 이와 같다. (새번역)

가을 추수가 끝날 즈음이면 송지호에 새들이 찾아든다.
시베리아나, 캄차카반도 주변에는 몹시 추워 물이 얼어
물새들은 먼 거리를 날아 이곳까지 온다.
먹이(밥)를 찾아 긴 여행을 하는 것이다.
무려 5천여km 이상의 거리를
밤낮없이(3박4일?) 자지도 먹지도 않고 날아온단다.
어떻게 날아올까? 그 비밀은?
계절이 바뀌는 그 길목엔
하늘 높은 5천m 이상에는 바람이 움직인다.
우리는 그걸 계절풍이라 부르지만,
계절을, 그 바람을 몸으로 느끼는 새들은
그 바람결에 몸을 싣기 위에 에너지를 준비하고,
날기에 필요치 않은 모든 장기는 가볍게 한다.
위까지도 줄인다.
그리고 때가 되면 높이 하늘로 올라 그 바람에 몸을 싣는다.
그래야만 이 먼 거리를 날아올 수 있고,
먹이(밥)를 찾는 여정이 가능하기 때문이다.

새들에게 있어 바람은 곧 생명이다.
히브리인들은 그 바람을 루하흐(ruach-여성)라 부르고,
예수님은 우리들에게 "성령은 바람과 같다" 고 말씀하시고,
그래서 신앙인들은 성령을 루하흐(=바람)로 이해한다.

● 묵상을 위한 질문
  계절을, 계절의 바람을 몸으로 느껴본 적이 있는지, 언제 어떻게 느꼈는지 기억해
  봅시다.

● 한 줄 기도
  몸과 삶을 가볍게 하여 바람에 몸을 싣고, 대림여행을 준비하겠습니다.

장석근 (오봉교회 목사)

새처럼

마태복음 6:26
공중의 새를 보아라. 씨를 뿌리지도 않고, 거두지도 않고, 곳간에 모아들이지도 않으나,
너희의 하늘 아버지께서 그것들을 먹이신다. 너희는 새보다 귀하지 아니하냐? (새번역)

살아가는 데 꼭 필요한 것 3가지를 물으면?
우리는 "밥, 집, 옷" 이라 말할 것이다.
새들도 그렇다.
새들은 가끔 털을 갈기는 하지만 한 벌 옷에,
새끼를 키울만한 크기의 집을 스스로 짓고 산다.

무엇보다 중요한 먹고 사는 일,
새들은 누구나 날마다 나가 먹이를 구한다.
그날 그때 그곳에 있는 것으로 먹고 산다.
내일을 위해 두 끼를 준비해 오지 않는다.
그렇게 가져올 가방도,
쌓아 놓을 냉장고도 없다.
광야길 만나처럼…….

그렇게 새들은 소유하지 않는다.
그렇다고 욕심부려 많이 먹지도 않는다.
너무 무거우면 날기 불편하기 때문이다.

새들은 알맞게 먹는다.
그리하여 새는 자유롭게 하늘을 난다.
좌우 날개로…….

● 묵상을 위한 질문
  하루 한 번 하늘을, 하늘 나는 새를 보자. 새의 필요보다 내 필요는 더 큰가?

● 한 줄 기도
  주님, 오늘도 새처럼 살며, 주님을 기다립니다.

장석근 (오봉교회 목사)

뿌리에서 열매까지

요한복음 15:4
내 안에 거하라 나도 너희 안에 거하리라 가지가 포도나무에 붙어 있지 아니하면 스스로 열매를 맺을 수 없음 같이 너희도 내 안에 있지 아니하면 그러하리라

하나의 포도나무 뿌리에서 뻗어나온 가지로부터 포도 열매가 자그마치 4,500송이가 달렸다는 뉴스가 떴었다. 농부는 자식처럼 포도나무를 보살폈다. 농약 한번 쓰지 않고 건강한 땅을 만들기 위해 좋은 흙의 상태를 유지했다. 그는 기네스북에 등재 되어 유명세도 치른 모양이다. 그러나 농부는 세파에 흔들리지 않고 든든한 뿌리처럼 뚝심있게 포도나무를 지켰다. 뿌리가 튼튼하게 더욱 굵게 뻗어가도록 물을 멀리주며 길들였다고 한다.

뿌리를 길들인다는 것이 무엇인가? 물 호스가 약하면 물을 멀리 줄 수 없다. 즉 흙의 영양을 골고루 잘 흡수하도록 멀리 그리고 깊게 뿌리내리도록 한다는 것이다. 그리스도인의 열매란 무엇인가? 성령의 아홉가지 열매를 떠올릴 수 있다. 깊고 넓을수록 당연히 열매도 많아질 수 밖에 없다. 자신의 일에서나 사람들과의 관계에서나 모든 영역에서 열매가 맺힌다. 많은 열매는 많은 나눔을 할 수 있는 토대가 된다. 이는 세상에서 그리스도인이 어떻게 살아내야 하는지 알 수 있는 표식이다. 이 말씀을 통해서 인간은 연약한 가지이지만 포도나무 되시는 예수님과 하나됨을 믿고 의지한다면, 열매 맺는다는 걸 고민할 필요가 없다는 것을 알게 된다. 포도나무에 붙어있는 가지처럼 뿌리로부터 올라오는 하나님의 충만한 영양인 은혜를 가득히 머금고 살아가야 한다. 때가 차고 수확의 날이 오면 삶에서 풍성한 열매는 반드시 돌아온다.

● 묵상을 위한 질문
열매 맺는 삶을 살기 위해 얼마나 깊이 그리고 멀리 뿌리를 내리도록 했는가?

● 한 줄 기도
뿌리 없는 가지처럼 심령이 바싹 마른 이들에게 은혜의 단비를 부어 뿌리가 내리게 하소서.

● 추천 음악 : 야곱의 축복(너는 담장 너머로 뻗은 나무)

김유현 (귀둔 산책도서관 관장)

들에 핀 백합화 하나

마태복음 6:28
들에 백합화가 어떻게 자라는가 생각하여 보라 수고도 아니하고 길쌈도 아니하느니라

주위를 둘러보면 우리를 감탄하게 하는 것들이 참 많이 있습니다. 그중에 하나는 아스팔트 한 모퉁에서 힘겹게 비집고 피어났으나 그 빛과 모습이 순하고 아름다운 이름 모를 풀들입니다. 한줌 안되는 흙에 뿌리를 내렸으나 어느 비옥한 땅의 꽃들보다 당당하고 자유롭기까지 합니다.

예수님은 한 사람이 두 주인을 섬기지 못하는 것처럼 하나님과 재물을 겸하여 섬기지 못한다고 하시며 목숨을 위하여 무엇을 먹을까 무엇을 마실까 몸을 위하여 무엇을 입을까 염려하지 말라고 하십니다. 목숨이 음식보다 귀하며 몸이 의복보다 중하다고 하시지요. 그리고 들의 백합화가 어떻게 자라는가 생각하여 보라고 하십니다. 수고도 길쌈도 하지 아니하여도 솔로몬의 영광으로도 이 꽃 하나와 같지 않다고 하십니다.

물질의 걱정으로 영혼이 병들어 가는 세대입니다. 요즘은 절대적 빈곤의 문제보다는 상대적 빈곤과 박탈감이 더 심한 시절이기도 합니다. 소유로 삶의 성공여부가 평가되고 존재의 가치를 가늠하기도 합니다. 예수님은 백합화(들풀)을 보시며 소유와 물질에 대한 근심으로 매여있는 영혼에 자유를 선포하십니다. 들풀까지 돌보시는 하나님에 대하여 순전한 믿음을 가지라고 합니다. 우리의 삶은 소유에서 자유로울 때 비로소 진실할 수 있습니다.

삶이 영원하지 않습니다. 우리의 삶도 언젠가는 아궁이에 들어갈 저 들풀처럼 모든 것 내려놓고 하나님께 돌아가는 여정입니다. 근심과 욕망에서 자유할 때 창조주 하나님 안에서 오늘의 삶의 신비와 경이를 발견할 수 있습니다.

● 묵상을 위한 질문
  오늘 하루의 삶 가운데서 아름답고 감사한 일들을 생각해 보세요.

● 한 줄 기도
  약한 자에게 힘 주시고 강한 자는 바르게 서게 하소서.

조은하 (목원대 교수)

나무 아래

요한복음 1:48
빌립이 너를 부르기 전에 네가 무화과나무 아래 있을 때에 보았노라

하나님을 찾는 구도자들은 종종 무화과나무 아래 모였습니다. 무화과나무는 이스라엘 사람들에게 구도의 자리였습니다. 나다나엘은 그 나무 아래서 하나님을 찾았고, 하나님을 기다렸습니다. 그리고 마침내 빌립의 소개로 예수님을 만났습니다. 하지만 더 정확하게는 예수님께서 먼저 무화과나무 아래 있는 나다나엘을 보셨습니다. 나다나엘은 자신에게 '그에게는 조금도 거짓이 없다'고 하시는 예수님 앞에서, 만나기도 전에 자신을 환히 알고 계셨던 주님의 눈길 앞에서, 자신 앞에 있는 예수님이 누구이신지 그리고 예수님 앞에 있는 자신이 누구인지를 보고, 알게 됩니다. 주님은 나다나엘을 향하여 '하늘이 열리고 천사들이 예수님 위를 오르락, 내리락 하는 것을 보게 될 것'이라고 말씀하십니다.

나도 나다나엘처럼 그렇게 주님을 보고, 주님 앞에서 서 있는 참 나를 만나고 싶었습니다. 하여 내 삶과 일상에서 거짓 없는 마음으로 하나님을 찾고 기다리는 무화과나무 아래는 어디일지 곰곰이 묵상해 봅니다. 예수님을 만나고, 예수님을 통해 그보다 더 큰 일을 보게 될 자리가 어디일지 곰곰이 생각해 봅니다. 그러다 문득 내 기도의 자리, 학습의 자리, 만남과 친교의 자리, 사역의 자리……. 그 모든 자리가 무화과나무 아래가 될 수 있다는 생각이 들었습니다. 그런 생각이 든 까닭은 내가 어디에 있든, 나다나엘이 만나기도 전에 이미 나다나엘을 보고 계셨을 그 눈길로 주님께서 나도 바라보고 계실 것이라는 깨달음과 믿음 때문입니다.

나를 환히 아시고, 나를 사랑하시는 그 눈길은 주님이 내게 누구이신지, 주님 앞에서 내가 누구인지를 깨달아 알게 해 줍니다. 그리고 세상과 이웃을 보는 나의 눈길을 주님의 눈길로 변화시켜주십니다.

● 묵상을 위한 질문
지금 당신 삶에서 무화과나무 아래는 어디입니까? 어떤 공간, 시간, 사람, 공동체입니까?

● 한 줄 기도
주님, 오늘 이곳에서 주님을 보고, 그 앞에서 참 나와 이웃을 만나게 도우소서.

김홍일 (한국샬렘영성훈련원 운영위원장)

거두는 자와 뿌리는 자

요한복음 4:36
거두는 자가 이미 삯도 받고 영생에 이르는 열매를 모으나니 이는 뿌리는 자와 거두는 자가 함께 즐거워하게 하려 함이라

　세상의 양식을 생각하며 걱정하는 제자들, 그들에게 예수님은 예수님만의 양식을 알려주십니다. 꼭 뿌린 자가 거두어야 하는 세상의 이치보다는 거두는 자와 뿌린 자가 다를 수 있다는 예수님의 뜻을 알려주십니다.

　내가 뿌린 것을 내가 거두지 못할 때 속상하고 억울해하는 세상의 이치와 다른, 누군가 열매를 거둠에 있어 거두는 자와 뿌리는 자가 함께 기뻐하는 예수님의 세계를 보여주십니다. 내가 열매를 거둠으로 누구인지 모르는 뿌린 자가 기뻐하고 있음에 감사합니다. 이제 내가 뿌림으로, 언제인지는 모르지만 그 열매를 거두는 이로 말미암아 기뻐하는 내가 되길 원합니다.

　어느 산기슭 주인 없는 산 사과나무에 탐스럽게 익은 열매가 달려 있습니다. 감사함으로, 기쁨으로 열매를 따서 맛을 봅니다. 이 즐거움에 감사하며 복음의 씨앗을 뿌림과 함께 그 산기슭에 한 줌의 사과 씨앗을 뿌리는 것은 어떠할지요.

　먼 훗날 복음의 열매와 함께 사과 열매를 거두는 자의 기쁨에 동참하는 우리가 되길 원합니다. 세상 종말이 와도 한 그루의 사과나무를 심겠다고 했던 어떤 분의 말씀이 생각납니다.

● 묵상을 위한 질문

지금 내가 거두고 있는 열매가 있는가? 누가 뿌린 것일까? 내가 뿌린 것을 거둘 후 손들을 위해, 지금 나는 어떤 씨앗을 뿌릴 것인가?

내가 지금 거두어들이고 있는 열매는 무엇인가?

● 한 줄 기도

주님, 뿌려진 복음의 씨앗이 열매로 거둬지게 하시니 감사합니다. 지구 환경 보존을 위한 씨앗도 복음과 함께 뿌려지게 하시고, 그 열매로 인해 거두는 자와 함께 기뻐하는 우리 되게 하소서.

이경수 (새생명교회 장로)

나귀

마태복음 21:5
그 분은 겸손하시어 암나귀를, 어린 나귀를 타고 오신다(공동번역)

예수님께서 어린 나귀를 타고 예루살렘으로 들어오는 장면은 그리스도인들에게 매우 익숙한 장면입니다. 종려주일과 고난주간의 첫 장면이기 때문입니다. 그리스도인들은 이 장면에서 많은 사람들이 종려나무 가지를 흔들며 예수님과 그 일행을 열렬히 환영하는 모습을 주로 떠올립니다. 그런데 오늘은 대체로 관심을 덜 기울이는 예수님이 타고 오신 나귀에 초점을 맞추어보려 합니다.

가만히 묵상해보면 예수님, 겸손, 나귀가 함께 묶여져있음을 발견하게 됩니다. 예수님께서 나귀를 타고 오는 모습이 예수님의 겸비를 보여줍니다. 사람들이 승리 후 입성하는 개선장군처럼 예수님을 환영하지만 그들의 예상과 달리 예수님은 크고 잘생긴 말이 아니라 평범한 나귀를 선택하셨습니다. 당시에 유대인들이 험한 지형을 다닐 때 노새와 나귀를 많이 이용했다고 합니다. 그러나 예수님은 귀족들이 주로 타던 노새대신 평범한 사람들이 타던 나귀를 선택하신 겁니다. 이는 가난하고 힘없는 평범한 사람들을 위해 오셨다는 진리를 드러내줍니다.

한편, 예수님을 정치적 메시아로 바라보고 환영했던 사람들의 기대와 달리 예수님은 예루살렘 입성 후 일주일도 안 되어 십자가 처형이라는 고난의 길을 선택하셨습니다. 그래서 나귀는 평범한 자들의 고난을 상징하는 동물이 됩니다. 이러한 상징은 어린 나귀를 "멍에 메는 짐승의 새끼"라는 표현에 의해 재확인됩니다. 그런데 가만히 생각해 보면 멍에 메는 나귀는 인간의 고통에 대한 상징으로만 이해되지 않는 것 같습니다. 오히려, 나귀는 인간으로부터 고통받는 동물들을 대변합니다.

　예수님 당시에도 동물들은 인간을 위해 멍에를 지고 노동했습니다. 현대 사회에서 동물의 멍에는 더욱 전문화되고 그들의 고통은 더욱 심해졌습니다. 공장식 축산 및 음식 산업시스템, 무분별한 동물 실험들 속에서 수많은 동물들은 기계 부품으로 취급되고 최소한의 삶의 조건은커녕 끔찍한 고통을 겪으며 희생당합니다.

　이제 인간 문명은 지구의 기후 전체를 바꾸는 지경에 이르렀습니다. 지구 평균 온도가 오를 때마다 생물의 대량 멸종이 예상된다는 뉴스가 계속 나옵니다. 우리 시대의 가장 연약하고 고통받는 존재는 겸손한 나귀로 상징되는 동물들입니다. 하나님께서 사랑하는 인간들이 하나님께서 동일하게 사랑하는 다른 피조물들을 고통스럽게 하는 모습을 보는 하나님의 마음은 어떠할까요?

　하지만 우리는 이 대림절 기간에 다시 오실 예수님을 기다리며 소망할 수 있습니다. 예수님은 우리의 멍에뿐만 아니라 나귀와 같은 동물들의 멍에를 짊어지시기 위해 성육신하셨습니다. 그리고 언젠가 그리스도께서 다시 오실 때 모든 피조물이 완전히 자유로워지는 날을 희망합니다!

● 묵상을 위한 질문

　1. 현대에 인간 외 피조물들에게 주어진 멍에에는 무엇이 있을까요?

　2. 동물들의 고통을 줄이고 자유로운 삶을 보장하기 위해 그리스도인과 교회가 할 수 있는 일들이 무엇이 있을까요?

● 한 줄 기도

　생명의 주님, 아름다운 자연과 생명의 신비를 이 땅의 모든 피조물들에게 허락하신 은혜에 감사드립니다. 우리들의 편안함과 욕심을 채우기 위해 다른 생명들의 행복과 자유 그리고 그들의 생명까지도 빼앗고 있는 죄악 된 현실을 고백하오니 용서하옵소서.

이성호 (명지대 교수)

숨, 관계적 삶의 시작

요한복음 20:22
그들에게 숨을 불어넣으시고 말씀하셨다. "성령을 받아라."(새번역)

사람은 숨을 쉬지 않고서는 살 수 없습니다. 하나님께서 인간을 창조하시고 "그의 코에 생명의 기운을 불어 넣으셨습니다." 생명의 기운, 즉 숨을 주셨습니다. 모든 생명의 원천인 하나님으로부터 숨을 통해 생물학적 생명을 부여받은 인간은, 관계적 삶을 시작할 수 있게 되었습니다.

하나님과의 관계, 자연과의 관계, 인간과의 관계를 맺기 시작했습니다.

사람의 몸으로 오신 예수는, 어그러진 관계 속에 사는 인간을 보시고 아파하셨습니다. 생물학적 생명만 근근이 유지한 채 사회적·문화적 생명은 유린당하고 있는 인간에게, 예수는 숨 그 자체로 오셨습니다. 예수를 만나고 예수와 함께한 사람들은 충만한 생명을 경험했습니다. 관계적 삶을 새롭게 시작할 수 있었습니다.

예수께서 우리에게 숨을 불어넣으시며 말씀하십니다. '성령을 받으라'고. 성령은 예수가 이 땅에서 하신 말씀과 관계 파괴적인 기존 질서에 저항하신 삶을 생각나게 하고 증언합니다.

숨 자체이신 예수로부터 숨을 통해 성령을 받은 우리는, 인간이 만든 사회(사회생태계)와 그 사회의 산물인 문화(문화생태계) 속에서 관계적 삶을 다시 회복하도록 부름받았습니다.

그리고 그 부름은 우리 인간이 하나님께서 만드신 세계(자연생태계)에서 관계적 삶을 살도록 창조되었음을 인정하는 것에서부터 시작됩니다.

● 묵상을 위한 질문

  1. 여러분은 숨을 잘 쉬고 있으신지요?

  2. 여러분은 관계적 삶을 살고 있으신지요?

● 한 줄 기도

  주님, 생명의 원천이신 하나님께서 부여하신 생명의 기운과 숨 자체이신 예수께서 불어 넣으신 숨을 통해 성령을 받게 하옵소서.

  하여, 우리가 관계적 삶을 살도록 창조되었음을 인정하고 관계적 삶을 사신 예수를 기억하고 따라가게 하옵소서.

이인경 (계명대 교수)

오래된 병

요한복음 5:6
네가 낫고자 하느냐?

　유대인의 명절에 예수께서 예루살렘에 올라가셨다. 자비의 집이라는 베데스다 연못가에는 많은 병자, 소경, 절뚝발이, 혈기 마른 자들이 누워 물이 동하기만을 기다렸다. 거기에 삼십팔 년 된 병자가 있었다. 예수께서 그 누운 것을 보시고 병이 벌써 오랜 줄을 아시고 말씀하셨다. "네가 낫고자 하느냐?" 병자는 대답했다. "주여 물이 동할 때에 나를 못에 넣어 줄 사람이 없어 내가 가는 동안에 다른 사람이 먼저 내려가나이다." 예수께서 말씀하셨다. "가라사대 일어나 네 자리를 들고 걸어가라." 그 사람이 곧 나아서 자리를 들고 걸어갔다. 그런데 이 날은 안식일이므로 유대인들은 그가 자리를 들고 가는 것이 옳지 않다고 비난했다. 성전에서 그 사람을 다시 만난 예수는 말씀하셨다. "보라 네가 나았으니 더 심한 것이 생기지 않게 다시는 죄를 범치 말라."

　병은 창조주의 사랑과 질서를 회복하라는 몸의 증상이다. 병이 오래 될수록 스스로의 노력이나 누군가의 도움으로도 병을 극복하는 것이 어려워진다. 오래된 병은 자기 주도적인 방식을 멈추게 한다. 동시에 은총의 방식으로 살아가는 것을 선택하게 한다. 하나님이 다시 주도권을 행사하신다. 결국 창조주는 우리의 연약함을 통해서 근원적인 사랑의 에너지로 이끄신다.

　창조주이신 예수님은 만유 위에 계시며, 만유 안에 계신다. 예수님의 성육신은 만유 안에 계시겠다는 사랑의 증거이다. 지금도 무한한 사랑의 힘으로 만물을 늘 새롭게 하신다. 유대적인 율법주의와 전통은 연약한 생명을 억압하고 짓누른다. 하지만 예수님은 재창조 사역을 통해 타락 이전의 원복을 회복하신다.

연약함의 극치는 예수님이 십자가에서 무기력한 죽음을 당하신 것이고, 죽은 지 사흘 만에 다시 부활하셔서 본격적인 재창조의 서막을 알리신 것이다.

● 묵상을 위한 질문

내 안에 오래된 병은 없는가? 내 안의 오래된 병은 창조주의 근원적 사랑과 질서를 회복하라는 하나님의 초대이므로 이에 응답해보자.

● 한 줄 기도

생명이신 주님, 창조주의 사랑과 질서를 경험하며 평강의 삶을 날마다 살아가게 하소서.

이박행 (목사, 복내치유센터장)

누룩

마태복음 13:33
또 비유로 말씀하시되 천국은 마치 여자가 가루 서 말 속에 갖다 넣어 전부 부풀게 한 누룩과 같으니라

아이슬란드 북부에 가면 고다포스(Godafoss)라는 폭포가 있습니다.

아이슬란드어로 고다(Goda)는 신이라는 뜻이고 포스(foss)는 폭포를 뜻하기에 이 폭포를 한국말로 번역하면 "신들의 폭포"라고 할 수 있을 것입니다. 이 이름의 유래는 서기 1,000년경으로 거슬러 올라갑니다. 습격과 약탈을 통해 생계를 유지했던 바이킹족이 아이슬란드에 정착하면서 기독교를 받아들이게 되는데, 지금까지 자신의 삶을 참회하며 자신이 갖고 있었던 모든 우상들을 이 폭포로 갖고 나와 물속 깊이 던졌다 하여 이 폭포의 이름을 고다포스(Godafoss)로 명하였다고 합니다.

현대인에게 가장 큰 우상 중에 하나는 무엇일까요?

혹시, 자연을 담보로 한 편리함을 추구하는 삶은 아닐까요?

자연의 파괴는 이제 우리 삶의 근처에서 느끼고 볼 수 있는 심각한 상태가 되었습니다. 이러한 심각한 변화에 비교하자면 자연을 생각하는 우리의 하루 하루의 노력들은 하찮고, 초라하고, 무의미한 것처럼 보일지도 모릅니다. 하지만 이 작은 실천 하나 하나가 마치 적은 양의 누룩이 엄청난 양의 빵을 부풀릴 수 있음과 같이, 서서히 내 자신과 가족, 더 나아가 지역사회와 이 세상을 변화시키는 원동력이 되어, 자연과 함께 공존하여 살아갈 수 있는 지구를 만드는 누룩이 되는 것은 아닐까요?

● 묵상을 위한 질문
  자연과 함께 공존하게 해줄 나와 우리의 누룩은 무엇일까?

● 한 줄 기도
  주님, 우리들의 작은 실천이 누룩이 되어 인간과 자연이 함께 공존하며 살아갈 수
  있는 세상이 만들어지기를 소망합니다.

신현태 (생태성서연구원 원장)

빈 항아리

요한복음 2:7, 8
항아리에 물을 채우라
이제는 떠서 연회장에게 갖다 주라

　가나의 혼인 잔치는 예수님이 첫 번째 이적을 행한 장소로 잘 알려져 있다. 우리는 물이 포도주로 바뀐 사건을 예수님의 첫 번째 이적으로 기억한다. 이 사건은 단순한 이적이 아니라, 예수님께서 생애 마지막에 제자들과 행한 성만찬에서 나누신 생명의 포도주로 연결이 된다. 이런 점에서 물이 포도주로 바뀌는 이적은 하나님께서 사람들에게 궁극적으로 주시려는 복이 무엇인지를 상징적으로 보여주는 사건이다. 이 사건이 일어나기 위해서는 항아리가 필요하다.

　항아리 쓰임새는 그 안에 어떤 내용물을 담아두는 데 있다. 항아리 안에 무엇인가 담기 위해서는 비어 있어야 한다는 사실은 모두가 알고 있는 사실이다. 내용물이 담긴 항아리가 아니라, 빈 항아리야말로 항아리의 쓰임새가 무엇인지를 알려준다. 그러나 단지 비어 있기만 해야 하는 것이 아니라, 제대로 항아리를 사용하려면 그 안이 청결해야 한다는 것이다. 사용하기 위해서는 깨끗이 비어 있어야 하는 것이다. 항아리는 개인이 한 번 사용할 목적으로 내용물을 담는 것이 아니다. 항아리에 담긴 내용물은 여러 사람들이 공유해서 나눠 사용하거나, 아니면 내일과 모레의 내가 사용할 수 있는 것들이다.

항아리는 우리 자신의 마음을 상징하는 적절한 이미지일 것이다. 하나님께서 부어주시는 복을 받기 위해서 우리의 마음이 비어 있어야 한다. 이기적인 욕망을 거룩하게 정화시킬 때, 하나님께서는 복을 부어주시어, 나만이 아니라 우리를 위하여, 그리고 오늘만이 아니라 내일을 위한 이적을 행하실 것이다.

● 묵상을 위한 기도
  내 항아리에 들어있는 것들을 무엇인지 살피고, 덜어낼 수 있는 것들을 헤아려본다.

● 한 줄 기도
  주님, 빈 항아리 되어 우리를, 생명을, 미래를 살릴 수 있게 도우소서.

김오성 (한국샬렘영성훈련원)

우리에게 일용할 양식을

마태복음 6:11
오늘 우리에게 일용할 양식을 주시옵고

이 말씀은 주기도문의 네 번째 청원이다. 네 번째 청원부터 여섯 번째 청원까지는 기도하는 사람의 절박한 필요가 담겨있다. 그중 첫 번째가 '일용할 양식'이다. 사람으로 살아가기 위해 필요한 제1의 요건이 '밥'이다. 예수께서는 굶주린 이들의 절박한 필요를 너무도 잘 아셨다. 그래서 굶주림을 해결하기 위해 안식일 법을 어겼던 제자들을 위해 '사람이 안식일을 위해 있는 것이 아니라, 안식일이 사람을 위해 있다'는 혁명적 선언과 실천을 감행하셨다. 굶주린 이들에게 밥은 생명이다.

그런데 인간의 죄로 말미암아 밥이 넘쳐나는 사람들과 밥이 모자라는 사람들이 생겨났다. 밥이 넘쳐나는 이들은 교만해져서, 밥이 하나님의 은총의 선물임을 망각하고 교만에 빠진다. 밥이 부족한 이들은 밥에 집착하여, 밥의 주인이신 하나님을 멀리하게 된다. 그러므로 주님께서는 우리에게 '일용할 양식'을 위해 기도하라 가르치신다.

세계 경제대국이 된 우리나라는 먹거리가 넘쳐난다. 버려지는 음식쓰레기가 엄청나다.

여전히 '일용할 양식'이 없어서 죽어가는 이들이 세계에는 너무도 많다. 유엔의 보고에 따르면 2016년 만성적인 영양 부족 상태에 놓은 사람들의 수가 인류 전체 인구의 11%인 8억1천5백만 명이라고 한다. 이들의 절박한 필요와 연대하며, 우리는 '오늘 우리에게 일용할 양식을 주시옵고'라고 기도해야 하리라.

또한 유엔은 이러한 식량안보 위협이 증가하는 이유로 '분쟁과 기후변화 충격'을 지적하였다. 은총의 선물인 지구와 자연을 무분별하게 개발한 결과가, 굶주림이라는 부메랑으로 되돌아오고 있다. 하나님의 거룩한 피조물인 자연과 생명들을 지극한 정성으로 돌보며, 밥 한 그릇에도 온 우주의 신비가 담겨있음을 알고 모시는 것이, 이 기도를 드리는 사람들의 삶의 모습이어야 하리라.

● 묵상을 위한 질문
  주변에 굶주림으로 고통 받고있는 이들의 절박한 필요를 위해, 하나님의 도구인 우리들이 할 수 있는 것은 무엇이 있는지요?

● 한 줄 기도
  오늘 우리에게 일용할 양식을 허락하시고, 이를 위해 단순 소박한 삶으로 살아가게 하소서.

이진권 (새봄교회 목사, 평화영성센터 품)

한몸살이

요한복음 6:55, 56
내 살은 참된 양식이요 내 피는 참된 음료로다
내 살을 먹고 내 피를 마시는 자는 내 안에 거하고 나도 그의 안에 거하나니

제가 살고있는 마을, 밝은누리에서는 "공동체"를 아이부터 어른까지 "한몸살이"라고 부릅니다. 말씀에 내 살을 먹고 내 피를 마시는 자는 내 안에 거하고 나도 그의 안에 거한다고 합니다. 예수와 내가 한 몸이 되는 것이지요. 나의 말, 행동, 눈빛, 마음, 작은 몸짓에도 예수의 영이 살아 있는 것이 내 안에 예수가 있는 삶, 곧 한몸살이입니다.

너무나 부족하고 티 많은 저로서는 그런 삶을 홀로는 살아갈 수 없다 생각했어요. 날 비춰줄 예수를 머리로 한 한몸 이룰 지체들을 찾아 이 마을로 오게 되고 한몸살이를 글이 아닌, 일상 속에서 촘촘히, 치열히 배워가고 있습니다. 저마다의 아름다운 빛깔을 가진 지체들이 예수를 머리로 한 한몸을 거짓과 위선이 아닌, 진정으로 이루어갈 때, 지체가 내게 해주는 권면은 곧 예수가 내게 하는 말이 되고, 나 역시 지체를 그리 이끌 책임이 생기게 됩니다.

마을 밥상에서 지체가 정성으로 차려준 밥을 함께 먹는 것, 찻집과 학교, 길 골목에서 만나며 전하는 서로에 대한 안부와 인사, 그 안에서 우리는 서로의 기운을 나누고 풍성히 먹습니다.

그 중심에는 예수를 머리로 한 믿음이 있고, 그 힘으로 마을 벗들과 한몸 이루어, 예수의 하나님 나라 운동을 이어갈 동력을 얻게 되지요. 한몸으로, 세상을 밝게 비추는 빛, 밝은 빛으로 온 누리를 비추는 삶 살아가길 소망합니다.

● 묵상을 위한 질문
  우리는 진정 예수를 머리로 한 한몸을 이루며 살아가고 있나요?
  한몸 이룸을 방해하는 것은 무엇일까요?

● 한 줄 기도
  주님, 주님의 손과 발이 되어 살아가길 소망합니다.
  홀로는 할 수 없음을 고백하며, 함께하는 벗들과 당신을 머리로 한 진정한 한몸을
  이루어 당신이 꿈꾸는 하나님 나라를 세워가길 소망합니다.

이선아 (마을찻집 '마주이야기' 대표)

풍성한 생명

요한복음 10:10
도둑이 오는 것은 도둑질하고 죽이고 멸망시키려는 것뿐이요 내가 온 것은 양으로 생명을 얻게 하고 더 풍성히 얻게 하려는 것이라

"이른 봄과 늦가을 눈으로 얼룩진 산에는 노란색이 주류이고, 봄가을은 붉은 꽃, 청산에 피는 꽃은 희다. 이 절묘한 조화를 주관하는 의지가 있고, 이 의지를 가리켜 하나님이라고 이름함에 이견을 가질 사람은 없으리라."

수필가 장돈식 선생이 <산에는 꽃이 피네>(학고재)라는 수필집에 쓴 글이다. 치악산 아래 산방(山房)에서 생활하면서 사시사철 산에 피는 꽃을 관찰하다 보니 계절마다 꽃 색깔에 이런 기이한 현상이 발견되었다고 한다. 선생은 꽃 색깔 하나에도 이렇듯 신비한 현상이 있음을 보며 거기서 '생명'의 기운을 느꼈고 그 본질이 다름 아닌 하나님이라는 진리에 이른 셈이었다.

사진작가 함철훈 선생은 사진기로 본 새벽하늘에서 하나님의 신비로운 생명을 만났다. 선생은 보통 눈으로 보면 어둡기만 한 새벽하늘을 촬영했더니 우리가 알지 못한 비밀들로 가득 차 있다는 사실을 알게 됐다. 그러니까 캄캄한 하늘을 향해 사진기의 조리개를 활짝 그리고 오래 열어두었더니 그 캄캄한 하늘이 세상 어떤 색보다 화려하고 풍부한 색상들로 빛의 향연을 펼치고 있더라는 것이다. 누가 감히 짐작이나 했을까. 그 어두운 하늘의 공간에도 위대한 그분의 생명이 호흡하고 있을 줄······.

그러니 누구라서 감히 '세상은 암흑처럼 캄캄하다'고 말할 수 있을까. 아무리 캄캄한 시간, 추운 공간에도 하나님의 빛과 온기가 살아 있음을, 그 검디검은 품으로

어두운 세상을 품고 계심을 배우게 된다. 아니 어쩌면 아들을 멀리 떠나보내고 노심초사 잠 못 이루는 아버지의 마음처럼, 다시 아들이 돌아오기를 기다리고 기다리다 어느새 아버지의 마음은 숯처럼 까맣게 타버린 것인지도 모른다.

그러니 봄 여름 가을 겨울 그리고 밤이나 낮이나, 그 어느 시간에도 우리는 그분의 생명으로 충만한 시간을 살고 있는 셈이다. 주님이 이 땅에 오신 까닭조차 그 생명을 더욱 충만하게 채우고자 하신 것이라 말씀하신다.

● 묵상을 위한 질문

나는 주님이 주신 생명을 충만하게 누리며 사는가? 구체적으로 묵상해보자.

● 한 줄 기도

내가 어떤 상황에 처하더라도 그 자리에서 주님이 주시는 생명의 기운을 누리게 하여 주소서.

박명철 (순복음가족신문 편집장)

지극히 작은 자

마태복음 22:37~39
네 이웃을 네 자신 같이 사랑하라
마태복음 25:40
지극히 작은 자 하나에게 한 것이 곧 나에게 한 것이니라

우리의 삶은 하나님의 사랑과 은혜의 토대 위에 있습니다. 하나님께서는 우리가 존재할 수 있도록 빛과 흙과 물과 공기를 오래 전부터 허락하셨습니다. 우리가 태어나기 전부터 햇빛은 세상에 모든 생명의 성장을 가능하게 했고, 흙은 생명이 형체를 유지하는 바탕을 제공했고, 물은 생명의 흐름을 원활하게 해 주었으며, 공기는 우리가 인지하지 못하는 가운데 생존을 가능하게 했습니다. 이 모든 것들이 너무나도 자연스럽게 우리에게 주어진 것이라 우리는 그들의 존재 여부에 대해 큰 관심을 갖지 않고 삶을 지속해 왔습니다. 그들은 우리가 관심을 갖지 않아도 될 만큼 지극히 작은 자들이었습니다.

그 자연이 지금 신음하고 있습니다. 이 빛과 흙과 물과 공기의 조화롭고 아름다운 결정들인 자연이 크게 신음하고 있습니다.

주님께서는 가난한 자들의 신음 소리에 귀를 기울이셨고 우리에게 그들을 돌보라고 요청하셨습니다. 우리 사회는 여전히 가난한 자들의 울부짖음으로 가득합니다. 거기에 그보다 더 지극히 작은 빛과 흙과 물과 공기의 신음이 더해졌습니다. 가난한 자들의 울부짖음은 우리의 마음과 영혼을 아프게 합니다. 자연의 신음 소리는 우리의 몸과 영혼을 아프게 합니다. 이들의 울부짖음과 신음 소리를 뒤로한 채 우리

가 거룩한 삶을 지속하는 것은 불가능합니다. 그들에게 하는 것이 주님께 하는 것이기 때문입니다.

우리에게 또 하나의 작은 자가 있습니다. 아직 태어나지 않은 미래 세대입니다. 하나님께서 허락하신 은혜와 사랑을 우리는 풍성하게 누리지만, 우리에게 아직 보이지 않는 미래 세대는 황무지를 물려받으며 하나님을 원망할 수도 있습니다. 우리 때문입니다. 우리가 예수께서 명령하신 지극히 작은 자들을 제대로 돌보지 않았기 때문입니다. 지극히 작은 자 하나에게 귀를 기울이고 돌보는 일은 선택이 아니라 사명입니다. 주님께서 우리를 이 땅에서 당신의 백성으로 부르신 이유입니다. 그 사명에 충실할 때 하나님께서 허락하신 은혜와 사랑의 풍성함을 누리며 전달할 수 있습니다.

● 묵상을 위한 질문
  내 곁에 있는 지극히 작은 자를 찾아봅니다. 은혜와 사랑을 풍성하게 전달하는 통로가 되기 위해 무엇을 하고 있습니까?

● 한 줄 기도
  주님, 내 곁에 있는 지극히 작은 자 하나를 주님 모시듯 모시게 도우소서.

곽호철 (연세대 교수, 교육연구소살림 소장)

밀알의 믿음(죽음)

요한복음 12:24
한 알의 밀이 땅에 떨어져 … 죽으면 많은 열매를 맺느니라

요한복음 12장 24절 전체의 내용은 이렇습니다.

"내가 진정으로 진정으로 너희에게 말한다. 밀알 하나가 땅에 떨어져서 죽지 않으면 한 알 그대로 있고, 죽으면 열매를 많이 맺는다"(새번역). 여기에는 하나의 밀알이 열매를 맺기까지 거쳐야 하는 수많은 과정이 모두 생략되어 있습니다. 하나의 밀알은 땅에 제대로 심어져야 할 것이며, 땅은 씨앗을 품을 충분한 양분을 보유하고 있어야 하고, 거기에 바람과 물과 햇빛과 농부의 노동이 조화롭게 씨앗을 돌보아 주어야만 씨앗은 자신을 열고 새로운 세계로 나아가 변화된 모습으로 자신을 드러낼 것입니다. 그러나 이 말씀에서는 그 많은 과정들이 '죽으면'이라는 비장한 한 단어로 압축되어 있습니다. 밀알이 거쳐야 하는 시간들이 은총으로 둘러싸여 있다고 하더라도, 밀알은 현재 상태의 종료, 죽음을 감수해야만 합니다. 이 통과 의례는 경험해보지 못했던 세계로 나아간다는 측면에서 두려움을 마주하게 될 것입니다.

요한복음은 두려운 밀알에게 말합니다. '한 알 그대로' 있지 않고 열매를 '많이' 맺는다고 말입니다. 그리스어 본문에는 'μσνος'(monos)와 'πολυν'(polyn)으로 그 대조를 분명하게 드러냈습니다.

예수의 탄생이라는 새로운 시작을 기다리는 대림절 기간에 이 새로운 탄생이 감수한 두려움을 묵상합니다. 새로운 시작에 저항하는 두려움, 그 두려움으로 인한 희

생, 그리고 '한 알 그대로' 있고 싶었을지도 모르는 밀알의 두려움……. 많은 열매들을 아직 경험하지 못한 때에 오롯이 두려움을 마주했을 밀알의 믿음을 묵상합니다.

● 묵상을 위한 질문
새로운 시작을 맞이하기 위해 반드시 거쳐야 했던 '죽음'(두려움)을 경험한 적이 있습니까? 그것을 어떻게 극복하였는지 기억하고 묵상합니다.

● 한 줄 기 도
주님, 죽음 가운데 임하시는 하나님을 믿음으로 볼 수 있기를 기도합니다.

김선정 (연세대 교수)

생명을 향해 깨어 있으라

마태복음 26:36~46
나와 함께 깨어 있으라

올리브 산 겟쎄마니의 시간은 세상의 구원을 향해 걷는 고뇌와 결단의 순간입니다. 제자들과 최후의 만찬을 나눈 뒤, 제자 셋을 데리고 '늘 하시던 대로' 기도하러 산에 오르셨습니다.

구원을 향한 고뇌의 기도가 산에서 일어나고 있다는 점을 눈여겨볼 필요가 있습니다. 올리브 열매는 사람이 먹고 나눌 먹거리를 상징하거니와, 그 산은 첫 창조 때의 에덴동산을 떠오르게 합니다. 겟쎄마니는 '기름을 짜는 틀'이라는 뜻이니, 사람이 얻은 수확이 깊은 고뇌와 노동으로 나온다는 사실을 되새겨 줍니다.

그 기름은 언제나 치유의 상징입니다. 상처 난 곳에 발라 회복하는 연고입니다. 그 뜻이 끝내는 '기름 부음을 받은 사람'인 메시아 그리스도로 이어지고, 그분의 삶을 나누는 사람인 '그리스도인'으로 확장됩니다. 사람의 역사 안에서 깨지고 부서지기만 했던 창조 세계가 회복과 구원을 향해 다시 발돋움하는 장면입니다.

"나와 같이 깨어 있으라!" 예수님께서 동행한 제자 셋에게 하신 말씀은 창조 회복이라는 구원 사건에 동참해달라는 간절한 부탁입니다. 하나님께서 에덴동산에서 사람(아담)에게 그 세계를 잘 돌보라고 하신 당부가 시간을 건너 메아리칩니다. 그러나 사람은 피곤함을 호소하며 세계를 향해 눈 뜨고 보살피는 일을 게을리합니다. 자신의 안위를 불편하게 할지도 모른다는 생각에서 다른 사람의 고통에서 시선을 돌립니다. 보살피며 함께 축하하고 누리라는 생명의 세계는 너무 버겁다며, 자기 영역에 울타리를 치고는 합니다. 바깥 세계가 아프게 부서지는 광경에 눈을 감으며, 둘러싼 세계의 파괴가 미칠 파국은 애써 부인하려 합니다. 가리옷 유다의 배신은 이미 동행의 초대에 깨어있지 않고 눈감은 제자들에게서 꿈틀거리고 있습니다.

대림절은 새로운 생명의 탄생을 고대하는 시간입니다. 그 사건으로 펼쳐질 세계 안에서 자신의 책임과 임무를 준비하는 시간입니다. 예수님의 게쎄마니 기도는 마리아의 산고와 해산을 향한 고뇌와 희망이기도 합니다. 다시 태어나는 생명을 앞두고, 깨어서 함께 고뇌하고 동행하며 창조 세계를 보살펴 달라는 초대입니다.

● 묵상을 위한 질문

지구와 그 생태계, 우리 주변 환경은 그 자체로 창조 때의 에덴동산입니다. 지금 사는 동네와 주변의 모습은 성서 이야기로 상상했던 동산과 어떤 차이가 있나요? 그 동산에서 '아담'인 나는 깨어서 현실을 바라보며 어떤 행동을 해야 할까요?

● 한 줄 기도

주님, 깨어서 현실을 마주하게 도우소서.

주낙현 (대한성공회서울주교좌성당 사제)

누구를 위한 하나님의 법인가?

마태복음 12:11~12
너희 가운데 어떤 사람에게 양 한 마리가 있었는데 그 양이 안식일에 구덩이에 빠졌다고 하자. 그럴 때에 그 양을 끌어내지 않을 사람이 있겠느냐? 사람이 양보다 얼마나 더 귀하냐? 그러므로 안식일에라도 착한 일을 하는 것은 법에 어긋나지 않는다.(공동번역)

어느 날 우리 집 담벼락 밑에서 아기 고양이 우는 소리가 났습니다. 어미는 보이지 않고, 여섯 마리나 되는 아기 고양이들은 하나같이 비쩍 말라있고 두 마리는 눈곱까지 끼어 있었습니다. 그래서 그때부터 사료와 영양제를 챙겨주기 시작했고 지금은 건강하게 잘 크고 있습니다. 그런데 옆집 사는 분이 고양이에게 사료 주지 말라고 합니다. 사람 먹고 살 것도 없는데 '재수 없는 고양이 새끼'에게 왜 밥을 주냐고.

오늘 복음 말씀에서 예수님은 안식일에 왜 병자를 고쳐 주냐고 시비를 거는 사람들에게 '안식일에 양이 구덩이에 빠지면 구해주지 않을 거냐' 하고 되묻습니다. 그러면서 '안식일에 착한 일을 하는 것은 법에 어긋나지 않는다'고 못 박으십니다. 안식일 법은 하나님께서 약자들을 위해 만들어 주신 법입니다. "너희와 너희 아들 딸, 남종 여종 뿐 아니라 가축이나 집 안에 머무는 식객이라도 일을 하지 못한다"(출 20:10). 남종, 여종 그리고 가축은 주인의 명령에 따라 시키는 대로 일을 해야 하지만 이 안식일만큼은 법적으로 쉴 수 있는 날이었고, 모두가 평등하게 쉼을 누릴 수 있기에 '거룩한 날'이 될 수 있었습니다.

그렇다면 '거룩한 하나님의 자녀'는 어때야 할까 생각하게 됩니다. 하나님의 손길

이 아니면, 하나님의 사람들의 보살핌이 아니면 생존에 어려움을 겪는 수많은 존재들을 그냥 지나치지 않고 하나님의 마음으로 돌보는 것이 아닐까요? 신앙인이라면 버려진 동물과 부당하게 죽임 당하는 동물, 터전을 빼앗겨 죽을 수밖에 없는 동물에 대해 측은지심을 가지고 청지기의 마음을 가져야 합니다. 하나님께서 동물들까지 쉬게 하시려고 안식일을 지정하셨다는 것은 당신의 피조물 모두를 똑같이 귀하게 여기심입니다. 옆집 아주머니에게 핀잔을 듣더라도 나는 길고양이에게 사료를 줄 것입니다. 착한 일을 하는 것은 법에 어긋나지 않으니까요.

● 묵상을 위한 질문

  인간 중심적인 사고로 다른 피조물을 해치거나 혐오하는 일은 없었는지 돌아봅시다. 하나님께서 사람을 창조하시고 '다스려라' 하신 말씀의 뜻은 무엇일까요?

● 한 줄 기도

  주님, 인간의 이기심으로 삶이 위험에 처하거나 죽임 당한 동물들을 위로해주시고, 우리 인간들로 하여금 당신의 피조물을 온전히 지키는 청지기의 역할을 감당할 수 있는 지혜를 베풀어 주소서.

민숙희 (광명교회 사제)

온 창조세계에 전해질 기쁨의 소식

마가복음 16:15
또 이르시되, 너희는 온 천하에 다니며 만민(all creation)에게 복음을 전파하라

죽음을 앞두고 임종 시에 꼭 하고 싶은 말이 있다면 무엇일까요? 아마도 가장 사랑하고 아끼는 사람에게 제일 중요한 말을 당부하고 싶을 것 같습니다. 예수그리스도는 승천하시기 전 마지막으로 우리에게, "만민, 즉 온 창조세계에 복음을 전하라"고 말씀하십니다.

복음이란 '기쁜 소식'이라는 뜻으로, 낮고 천하게 여겨지는 것들을 돌보시는 메시야 하나님, 예수 그리스도에 대한 소식을 의미합니다. 그래서 "만민, 즉 온 창조세계에 복음을 전하라"는 말씀은, 특히 약한 사람들, 소외된 사람들 그리고 자연에게까지, 모두에게 예수 그리스도의 이 땅에 오심이 기쁨이 되도록 하라는 예수 그리스도의 마지막 당부이자 명령입니다. 만민, 모든 민족, 모든 이방 족속까지, 온 우주 창조세계가 어떠한 차별이나 상처, 억압이나 착취 없이 함께 어울리며 서로 돌보고 화해하여 온 생명을 누리며 살아가는 것이 이 땅에 오신 예수 그리스도의 마지막 말씀입니다.

만약 유언을 하게 된다면 아마도 너무 많아 조목조목 이야기하고 싶은 것들이 넘쳐나겠지만 그래도 꼭 하고 싶은 말은 특히 사랑하는 아들딸에게 서로 돕고 힘이 되어가며 살라고 할 것 같습니다. 그것이 어머니 마음일진데, 세상을 낳으신 창조주 하나님의 마음은 어떠할까요? 창조 세계 전체가 즉 만민, 모든 창조물이, 자연과 인

간, 인간과 인간이 함께 어울려 갈등이나 다툼 없이, 억압이나 착취 없이 온전히 각각 생명을 누리며 살아가기를 원하실 것입니다.

"만민에게 복음을 전파하라."

이 땅에 인간의 몸으로 오신 하나님, 예수 그리스도는 마지막으로 이 말씀을 남기시며, 여전히 부족한 우리의 의지를 도우려 임마누엘의 하나님으로 지금도 함께 하십니다.

● 묵상을 위한 질문
주변에 가장 하찮게 여겨지고 있는 것은 어떤 것들이 있을까요?

● 한 줄 기도
주님, 이 세상을 낳으신 창조주 하나님의 마음을 헤아리며, 땅, 물, 나무, 풀 한 포기도 함부로 대하지 않고, 모두 어울려 다툼 없이 살게 하여 주시옵소서.

김수연 (이화여대 교수)

세상을 극진히 사랑하셔서

요한복음 3:16
하나님이 세상(cosmos)을 이처럼 사랑하사 독생자를 주셨으니……

그리스도인에게 성탄은 과거의 어느 날이 아닙니다. 매일 매일이 예수님께서 탄생하시는 날입니다. 하나님은 나사렛 예수 안에서 사람 몸이 되셨습니다. 그 하나님은 오늘 우리 안에서 새로운 생명으로 탄생하는 그리스도입니다. 그러니 "언제나 성탄절입니다." 하나님께서 예수님 안에서 말씀이 됨으로 몸을 지닌 인간 삶이 지닌 깊은 의미를 보여줍니다. 성탄의 아침, 이 성탄이 갖는 의미를 우주적 범주에서 이해하고자 합니다.

그리스도교 신앙을 가진 이들이 단 한 구절의 성경을 암송하고 있다면, 그 구절은 분명히 "하나님은 이 세상을 극진히 사랑하셔서 외아들을 보내 주시어 그를 믿는 사람은 누구든지 멸망하지 않고 영원한 생명을 얻게 하셨습니다(요 3:16, 공동번역)"일 것입니다. 그런데 이 구절은 오랫동안 하나님의 극진한 사랑의 대상을 인간으로 제한하여 읽었습니다.

생태위기 시대를 살아가는 오늘, 우리는 "하나님이 세상을 극진히 사랑하사"를 올바르게 읽어야 합니다. 요한은 말씀이 육신이 되신 그지없는 하나님 사랑을 들려줍니다. 그 하나님은 온 세상(cosmos) 전체 피조세계를 사랑하셨습니다. 이 선언은 예수님의 육화가 인간만을 위함이 아닌 창조세계 전체를 향한 것임을 드러냅니다. 그렇기에 육화의 참된 의미는 기독교 신앙이 인간적 범주에 머물지 않고, 우주적 범주로 끊임없이 확장됨입니다. 유영모 선생이 "개체 완성이 우주 완성"이라 했던 것은 예수님의 육화 안에서 선취되었습니다. 예수님의 육화를 전 창조세계를 포함한 우주적 범주에서 이해하게 될 때 우리의 신앙은 우주적 범주로 확장될 것입니다.

이처럼 우주적 범주를 지닌 하나님 사랑을 이해하고 육화하신 예수님을 받아드릴 때, 이는 우리 인간이 창조세계와 맺는 새로운 관계를 제안합니다. 모든 피조물의 생명은 "거대한 신성의 바다"의 일부를 더욱 빛나게 만듦을 알게 됩니다. 피조물과 인간이 맺는 관계는 일찍 프란체스코 성인이 맛보았던 우주적 형제애 (cosmological fraternity)입니다. 그리하여 생태적 삶을 추구하는 이들은 이 세상이 예수님의 탄생으로 "장엄함"으로 채워지는 거룩한 성전임을 맛보게 될 것입니다.

● 묵상을 위한 질문
  예수님의 탄생은 인간사에 제한할 수 없습니다. 훨씬 넓은 우주적 사건입니다. 그 탄생의 장엄함을 하나님의 극진한 사랑 안에서 바라볼 수 있는 방법은 무엇일까요? 어떻게 경험할 수 있을까요? 왜 그렇게 보아야 할까요?

● 한 줄 기도
  이 세상을 극진히 사랑하시는 주님, 그 사랑의 그지없는 넓은 품안에 존재하는 하늘, 땅, 사람, 온 피조세계의 만물이 당신을 찬양하오니 찬미 받으소서!

최광선(순천 덕신교회 목사)

무엇을 얼마나 먹여야 할까?

요한복음 21:15~17
네가 나를 사랑하느냐
내 양을 먹이라

기다리던 주님을 맞으셨나요? 오신 주님을 내 안에 모시고, 다시 오실 주님을 기다립니다. 주님은 오늘도 묻습니다. "네가 나를 사랑하느냐?"

거듭된 질문에 그 뜻을 정확히 헤아리려다가, 오히려 내가 선 자리, 내가 하고 있는 일을 돌아보며 대답이 주저되고 불안감만 커집니다. 불안한 그 자리에서 주님이 분명하게 말씀하십니다. "내 어린 양을 먹이라" "내 양을 돌보라" "내 양을 먹이라"

생명에게 있어 가장 중요한 것은 무엇일까요? 삶에 있어 먹고 사는 일은 얼마나 중요한 걸까요? '굶주림의 고통이 자식을 잃는 고통보다 더 크다는 이도 있고, 대 기근에 자식을 삶아먹었다는 기록(왕하 6:28~29)이 있는 걸 보면, 굶주림은 인간의 육신을 비참하게 하고 정신마저 피폐하게 하는 게 분명합니다. 그러니 주님도 무리들이 굶어 기진할까 염려하셨고, 때론 오병이어의 기적으로 배고픔을 달래주시기도 하셨던 듯싶습니다. 하지만 분명한 건 근본적으로는 들에 핀 꽃과 새들처럼 먹고 사는 일로 걱정하지 말라고 하셨습니다.

도대체 우리는 얼마나 먹고, 또 먹여야 하는 걸까요? 사랑한다면 "내 양을 먹이라"고 하셨는데, 무엇을 얼마나 먹여야 하는 걸까요?

환합니다 감나무에 감이/ 바알간 불꽃이/ 수도 없이 불을 켜/ 천지가

환합니다/ 이 햇빛 저 햇빛/ 다 합해도/ 저렇게 환하겠습니까/ 서리가 내리고 겨울이 와도/ 따지 않고 나둡니다/ 풍부합니다/ 천지가 배부릅니다/ 까치도 까마귀도 배부릅니다/ 내 마음도 저기/ 감나무로 달려가/ 환하게 환하게 열립니다 (정현종의 '환합니다')

감나무에 남아있는 감이 애써 따다가 남은 것이든, 아니면 손에 닿는 데도 넉넉히 남겨둔 것이든, 그것으로 여러 생명들이 함께 누릴 수 있어 세상이 환해집니다. 감나무가 천지를 환하고 풍부하게 하듯, 주님은 우리 모두를 풍성히 먹이셨습니다. 먹을거리만이 아니라 에너지와 물도 그렇게 허락하셨습니다. 생명을 주시고, 그 받은 복을 모두가 풍성히 누리게 하는 것(요10:10)이 주님이 오신 목적이기도 하였습니다. 어쩌면 무엇을 얼마나 먹이느냐 하는 것보다 서로 간에 살고 살리는 '살림'의 관계를 맺는 것이 더 우선일 듯합니다. '도둑질하고 죽이고 멸망시키는' 것이 아니라, 받은 생명에 감사하며 상호 지지하는 관계 속에 풍성한 생명을 누리게 되길 소망합니다.

● 묵상을 위한 질문
진심을 다해 주님을 사랑하고 있습니까? 사랑한다면, 오늘 내가 먹이고 돌보아야 할 주님의 어린 양을 마음에 품어 봅시다.

● 한 줄 기도
주님, 주님이 사랑하시는 어린 양 모두가 풍성함을 누리기까지 주님 말씀대로 살 수 있게 도우소서.

유미호(기독교환경교육센터 살림 센터장)